AF453839

Bêtes Roses

3488-99. — Corbeil, Imprimerie Éd., CRÉTÉ.

Collection
" *La Voie Merveilleuse* "

CATULLE MENDÈS

BÊTES ROSES

ILLUSTRÉ PAR LA PHOTOGRAPHIE

D'APRÈS NATURE

Librairie NILSSON. — PER LAMM, Succʳ
338, rue St-Honoré, Paris.

LES TROIS CHAPEAUX
DE LA SOUS-PRÉFÈTE

On disait de la petite sous-préfète : « Bien
sûr, Mme Céridan n'a pas froid aux yeux. » On
avait raison de le dire. Même elle n'avait froid
en aucune partie de son jeune corps menu, joli,

charnu, poli, dodu, sans pli, et « turlututu » et
« tirelirei » selon la chanson qu'on fit d'elle.
Néanmoins, la vertu en personne, incontestable-
ment. De l'aveu de toute la ville guetteuse et
bavarde, elle n'avait consenti à aucun flirt avec
l'aimable substitut, pourtant irrésistible, qui
avait fort compromis toutes les sous-préfètes
d'avant, ni avec le sous-lieutenant, frais sorti de
Saint-Cyr, dont le monocle luisant de soleil ou
de gaz dardait aux cœurs des dames de subtils
incendies, ni avec le rédacteur principal de
l'*Écho du Nord-Est*, poète et musicien à ses
heures, qui récitait des vers de Baudelaire, musique de Rollinat, en s'accompagnant au piano
avec de longues mains hystériquement inspirées,
et les prunelles se révulsant vers l'idéal du plafond! Pourquoi tant de vertu peu compatible
avec toute absence de froidure aux yeux, et
ailleurs? parce que Mme Céridan adorait son
mari, joli garçon que, trois ans passés, fille d'un
propriétaire de la rue Montorgueil, elle avait

épousé à cause que, aux five o'clock des salons
bourgeois, il disait des anecdotes boulevardières,
montmartroises même, le coude à la cheminée,
un nœud de cravate rose sous la fine barbe noire
en pointe, et que, du reste, il avait une assez
bonne place au ministère de l'intérieur. Devenu
homme politique, son mari ne lui plut pas moins
qu'auparavant ; même, de l'avoir admiré en son
bel uniforme, elle l'aimait mieux, l'uniforme
ôté. L'intimité se stimulait de la cérémonie. De
sorte que la petite sous-préfète éprouva un grand
chagrin quand M. Georges Céridan lui annonça
qu'il devait aller à Paris, — par ordre, — et qu'il
serait absent pendant trois jours. « Et pendant
trois nuits ? » soupira-t-elle. Mais elle fut héroïque,
et quand il se fut engagé à lui rapporter, en
excuse du premier jour d'absence, une pensée ;
du second, un myosotis, du troisième, un œillet
rouge, — moins de regret, plus de désir, à cause
du proche retour ! — elle lui dit, cornélienne :
« Va faire ton devoir ! » Laissée dans la ville

provinciale, elle ne flirterait ni avec le rédacteur principal de l'*Écho du Nord-Est*, ni avec le lieutenant, ni avec l'irrésistible substitut. Elle ne comptait que sur ses larmes de veuve pour alentir cette petite chaleur qu'elle ne pouvait s'empêcher d'avoir aux yeux.

Or, le sous-préfet n'avait point menti : le détestable plan de venir à Paris faire, comme on dit, la fête, n'était pour rien en sa résolution de voyage. Honnête et diligent, Céridan vit plusieurs fois le ministre, fournit des explications, reçut des ordres; et, le troisième jour, il serait reparti dès le matin s'il n'avait songé aux fleurs promises à sa femme. Mais quoi! les fleurs naturelles se fanent si vite! ce serait une chose triste, et de vilain augure, s'il offrait à son adorée petite épouse des couleurs défuntes et des mânes de parfums. Non! il ferait faire trois chapeaux, dont chacun serait orné de l'une des trois fleurs. Il n'hésita point à se rendre chez la plus illustre des modistes; et, peu d'heures après, — les réverbères du boulevard ne s'allumaient pas encore, — on remit à Céridan, dans un carton rose, à trois étages, une capote de malines blanche d'où s'érigeait une pensée, une toque de velours mauve avec une tige tremblante de frêle myosotis, un chapeau mousquetaire empanaché d'un œillet écarlate.

Merveilles de frêle architecture soyeuse et fleurie ! Monuments légers de gloire délicate ! Jardins suspendus de ces exquises Babylones que sont les cervelles féminines !

Céridan, charmé, faillit, presque, pleurer de joie, en pensant que ces élégances, ces grâces, ces fraîcheurs pareraient une chère tête si jolie, la chère tête de sa femme; et, le carton à la main, il s'élança dans une voiture, car l'heure du train était proche. Mais : « Georges ! — Hein ? — Georges ! — Quoi ? — Voyons, tu ne me reconnais

pas? — Gaston! — Parbleu! — Si je m'attendais!...
— Tu es toujours sous-préfet? — Toujours! —
Qu'est-ce que tu fais à Paris? — Je le quitte. —
Quand? — Ce soir, à
l'instant. — Ah!
non, non, par
exemple. — Si
fait. — Allons
donc! on est de
vieux camarades,
on se retrouve, on
dine ensemble. — Im-
possible   le train .. — Il n'y a pas qu'un train.
— Sans doute, il y en a un autre à onze heures
du soir, et un autre à quatre heures du matin.
Mais il faut que je parte. Tu vois ce carton?
— Ce carton rose? — Il y a là-dedans trois
chapeaux que je porte à ma femme. Il faut
que je parte. — Georges! — Gaston! — Dine
avec moi, et je t'accompagne en province! — Tu
feras cela, mon vieux camarade? — Oui. — Mais

les chapeaux ? — Eh bien ! emporte-les au restaurant. Ils ne s'abîmeront pas, dans le carton. —
Ma foi !... — Ça y est ! »

Ils avaient pris un cabinet pour causer à haute
voix de leur jeunesse, de leurs misères et de leurs
folies de naguère. Ce fut une charmante églogue
amicale dont chaque distique commençait par :
« Te souviens-tu ? »

Au dessert, ils étaient gris. « Ah ! pardon, Mes-
sieurs... » C'était une dame qui se trompait de
cabinet. « Pas du tout, pas du tout, vous ne vous
trompez pas ! » cria Gaston. « Gaston ! dit Georges.
— Eh bien ! après ! Ça t'épouvante, à présent,
une jolie femme ? » Jolie, en effet, cette rôdeuse
de couloirs de restaurant. Jolie, et décolletée.
Elle accepta quelques verres de champagne, en
corrobora l'effet par sept ou huit verres de
sherry-brandy ; eut le droit de paraître grise.
« Tiens, dit-elle, qu'est-ce qu'il y a dans ce carton ? » Georges sursauta. « Rien ! rien ! » et,
bégayant : « C'est des échantillons... je suis

commis-voyageur... — Bête! tu es plus chic que
ça, pour sûr. Qu'est-ce que c'est? montre. » Elle
renversa le couvercle rose. « Ah! dit-elle, ils sont
joliment chouette, ces chapeaux. Veux-tu parier
que je devine de chez qui ils viennent? de chez
Notelet? pas vrai? ah! ça se reconnaît tout de
suite! et puis, moi, j'ai un œil... pourquoi que
tu les as là? » Pas saoule, maligne, elle se pencha
si adroitement, en une secousse, qu'un sein lui
sortit du corsage, — un sein chaud et d'un blanc
presque roux qui avait à peine besoin de s'excu-
ser, par sa pesanteur, de son abandonnement; et
il luisait d'une sueur odorante, comme surchauffé
du petit tison roux noir du dessous de bras. « Tu
me les donnes, dis? — Non! non! — Enfin, je
peux bien les essayer, pour voir. » Elle se mit
sur la tête, devant la glace, successivement, la
capote, la toque, le chapeau mousquetaire: et
les trois petites fleurs, sur la fauve tignasse teinte
et déteinte, tremblotèrent, ingénues, l'air étonné!
Georges, inquiet dans l'ivresse, demanda, imbé-

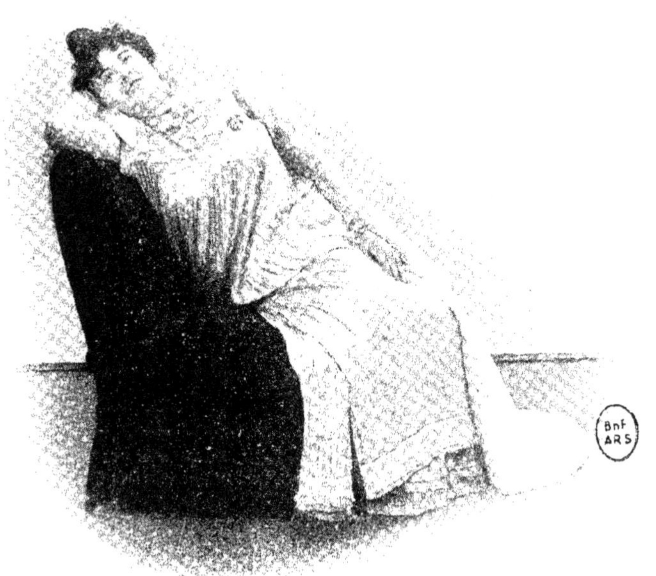

ELLE NE COMPTAIT QUE SUR SES LARMES
DE VEUVE (P, 18).

cilement : « Comment vous appelez-vous ? — Ah !
bien, pour ne pas le savoir, il faut que tu re-
viennes de Madagascar, mon petit. Appelle le
garçon, informe-toi. Je suis Marie La Trogne ! »
C'était Marie La Trogne qui essayait les chapeaux où il y avait les fleurs promises, la pensée,
le myosotis, et l'œillet. Il les empoigna, les
fourra dans le carton, assujettit le couvercle
« L'addition ! garçon, l'addition ! — Ah ! bien,
en voilà des mal polis ! » dit La Trogne. Ils s'en
allèrent.

Sur le boulevard : « Écoute, dit Gaston. Le
meilleur train, c'est celui de quatre heures du
matin. Si tu veux que je te dise... on peut tout
se dire, entre camarades... il y a un endroit que
je sais. . un endroit très bien .. On s'amusera
jusqu'à l'heure du train... La Trogne, c'est une
grue... Moi, je n'aime que les femmes comme il
faut... Nous allons chez une ancienne amie à
moi, qui donne des bals... rien que pour les gens
qu'elle connaît... Si je ne te présentais pas, vrai,

tu ne serais pas reçu... C'est le dernier salon
où... » Ils s'en allaient le long des maisons, parmi les camelots crieurs de « troisième édition ».
Georges disait : « C'est bête tout de même ! —
Qu'est-ce qui est bête ! Tu ne viens pas tous les
jours à Paris. Tu peux bien rigoler, pour une
fois que tu y viens. » Ils marchaient, les bras
joints, pour ne pas tituber ; Georges tenait, par le
ruban à l'angle du coude, le carton qui lui
battait la cuisse et où se bousculaient, dans le
tohu-bohu de la malines, du velours et des rebords
de feutre, la pensée, le myosotis et l'œillet ré-
servés à une chère tête adorable.

Mais oui, c'était un endroit très bien, celui où
Gaston conduisit Georges. Sans nul doute, les
jeunes personnes qui se trouvaient là étaient
tout à fait convenables, quoique sans façon. Il y
en avait qui étaient nues, il y en avait qui avaient
des peignoirs de mousseline si transparente qu'on
les eût prises pour d'énormes roses, çà et là
roses, presque partout blanches, et, en des coins,

noires, qui seraient habillées de la brume
du matin; et, si on les en avait priées,
elles auraient secoué cette brume,
très probablement. Tout de
même, elles avaient un air
distingué. « Gaston! Gaston!
Gaston ! » Tout le monde le
connaissait, et, avant qu'il eût
fait un signe, on avait débouché,
claquantes vers le lustre et vers les
candélabres de la cheminée, cinq bouteilles de champagne, dans le salon
blanc et or où les canapés et les fauteuils
avaient des housses, tandis que les dames n'en
avaient pas.

Georges, définitivement ivre, ne se connaissait
plus! Il montra le carton. « Ça, dit-il, c'est les
chapeaux de ma femme! Ils sont jolis, vous verrez. Un peu fripés, parce que La Trogne les a
essayés. » Il eut une idée très drôle. Il fit signe
à trois jeunes personnes, à trois de celles qui

étaient vêtues de brume. Il dit : « Ça va être gai. »
Il reprit : « Comment vous appelez-vous ? » C'est
une manie qu'ont les gens de province, de
demander les noms. « Carmen ! — Thisbé ! —
Mascotte ! » Une autre s'avança. « Moi, je m'appelle Dora. » Mais c'était une négresse, énorme.
Il pouffa de rire. « Ah! par exemple, je n'en veux
pas, d'une noire, pour les chapeaux de ma
femme. » Il emmena les blanches, pas bien loin,
derrière une tenture. Il ouvrit le carton. Les
filles se penchèrent. Elles se taisaient, respec-
tueuses, à cause de ces beaux chapeaux; on eût
dit qu'elles les vénéraient. Mais lui : « Voilà,.
voilà... il faut les mettre... mettez-les... mettez-
les... il faut... » Elles ne se le firent pas dire deux
fois. Sur les frisures rousses, sur les noirs ban-
deaux, sur l'incertain châtain, nuance transitoire
d'une teinture, elles appliquèrent la malines, le
velours, et le feutre; et, le sous-préfet, en bras
de chemise, se tordait. Puis, avec les chapeaux,
il fit des farces : il coiffa de la capote l'une des

épaules de Carmen, de la toque l'une des hanches
de Thisbé, et, du grand chapeau mousquetaire,
les lombes énormes de Mascotte, qui, malgré la
largeur du feutre, ne disparaissaient qu'à moitié.
Ah ! il en aurait fallu des feuilles de vigne d'une
grandeur, à ces impudeurs-là ! Et, ivre-mort,
Céridan roula sur le tapis, parmi les chapeaux
et les femmes.

Tout à coup : « Georges? Georges! -- Eh
bien ! quoi ? — Le train ! — Qu'est-ce que tu dis?
— Le train de quatre heures, tu n'as plus que le
temps. — Voilà, voilà. » Il reprit les trois chapeaux, les refourra dans le carton, endossa son
veston pendant que les filles faisaient glisser des
pièces d'or dans leurs bas, le long des fines
jambes sveltes qui auraient pu être, si loin de
tout cela, l'enchantement d'une idylle.

Il s'évadait, avec Gaston, le carton rose lui
battant les mollets. Une petite pluie fine. Dans

la rue, sur le boulevard, pas de voitures. Ils iraient
à pied, ils se hâtaient. Mal dégrisé, Georges, par
instants, balbutiait : « Tout de même, ce que
c'était drôle, les chapeaux qu'elles se fourraient
partout... ils sont peut-être abîmés, avec les trois
fleurs... Mais ma femme ne s'apercevra de rien...
Comment veux-tu qu'elle se doute... Je lui racon-
terai que, dans le train, en dormant, je me suis
assis dessus... Ah! ah! ah! sur le carton... Ce
n'est pas sur le carton que je me suis assis... »
Ils arrivèrent à la gare. Trois heures cinquante-
cinq. Peste! une minute de plus, ils manquaient
le train. « Allons, à bientôt, Georges. — Comment! qu'est-ce que tu dis? à bientôt? tu ne pars
pas avec moi? — Pas possible. Je me rappelle...
j'ai un duel ce matin, je suis témoin d'un duel.
Je t'aime bien. Tu as eu tort de payer le dîner au
restaurant. Tu as eu tort de payer les bouteilles
de champagne chez ma vieille amie. Ça ne fait
rien... tu es un camarade... J'ai vu, quand tu
l'as ouvert tout à l'heure, que tu avais des billets

dans ton portefeuille... Prête-moi cinq cents francs. Merci. Vrai de vrai, j'irai te voir, après le Grand-Prix. » Georges monta dans un compartiment, et tomba, saoul encore, vers un

coin, le carton à chapeaux entre ses jambes. Et il ronfla.

Du jour vint aux vitres, un jour si terne, si mouillé, qu'elles faisaient penser à de tristes yeux en pleurs. Sous un peu plus de clarté, il s'éveilla, il eut honte. Il souleva le couvercle du

carton, il vit les trois pauvres chapeaux, bous-
culés, déchirés, torturés, salis, lamentables. Ah!
mon Dieu! que dirait la pauvre chère adorée,
quand elle verrait les fleurs qu'il lui avait promises, qu'il lui apportait, hélas! dans quel état!
Du remords tremblant de ses mains, sous la lumière qui allait être le plein jour et la vérité, il
essayait de rajuster les malines, les velours, le
feutre, de remettre en place les trois fleurs...

La petite sous-préfète ne proféra pas une parole de reproche. Son mari lui sembla-t-il aussi
flétri que les fleurs dont il lui fit un si triste présent? devina-t-elle les vilenies où avait mérité de
ne plus être aimé celui qu'elle aimait tant? Ce
qui est certain, — ô juste Providence! — c'est
que le sous-préfet, qui avait eu trop peu de soin
des chapeaux de sa femme, vit, trois jours après
son retour, un après-midi, parmi les promeneurs
coutumiers autour du kiosque de musique, vit,
disons-nous, à la boutonnière du substitut, une

pensée, et, à celle du lieutenant, un myosotis, et
à celle du rédacteur principal de l'*Echo du Nord-
Est*, un violent œillet rouge, qui proclamait
tout!

TOININE ET TOININ

Quand braient les ânes, ils braient : Amour !
C'est ce qu'entendent bien toutes les personnes
savantes à discerner ce qu'il y a d'articulation
verbale dans le bruit des bêtes crieuses. A vrai

dire, ils n'ont point toujours clamé de la sorte.
Au temps de nos arrières mères-grand, les gens
très anciens se souvenaient encore de les avoir
ouïs braire, qui : « De l'herbe ! de l'herbe ! » qui :
« Trop de coups ! trop de coups ! » qui : « Viens
çà donc, m'n ânesse ! » Mais il arriva que le bourriquet du conte que je vais mettre par écrit,
maintes et maintes fois dut appeler : « Amour !
Amour ! Amour ! » et, à tous les jeunes ou vieux
oreillards, en vint la coutume d'ainsi braire.

Or, le conte, le voici.

Chaque jour, s'en allaient au marché pour
vendre les légumes — par le matin clair, par le
matin chaud, par le beau matin, — fille du voisin, fils de la voisine, cousine et cousin, elle en
cotte fine, lui en bureau fin, Toinine et Toinin.
Et où mettaient-ils les légumes ? dans deux grands
paniers : et où se mettaient-ils eux-mêmes ? sur
le bât, entre les deux paniers ; et le tout, où po-
sait-il ? sur le dos d'un petit baudet, tout blanc,
joli, aux grêles jambes, aux menus sabots noirs.

FILLE DU VOISIN, FILS DE LA VOISINE,
COUSINE ET COUSIN, TOININE ET TOI-
NIN (P. 38).

Pas de plus aimable spectacle — même les vieilles
personnes maussades qui vont à la messe de
six heures s'arrêtaient pour le regarder — que
de voir les deux mignons, Toinine devant, Toinin derrière, se tenir pour ne pas tomber, se
chatouiller, et crier : hue! et rire dans leurs cheveux blonds, du même blond, qui se mêlaient;
il semblait que pour deux têtes, ils n'eussent
qu'une seule frisure d'or volante. Mais, comme
Toinine allait sur quatorze ans, déjà grasse des
seins et de la croupe aussi, et Toinin sur quinze,
déjà robuste garçon, ils ne laissaient point d'ajou-
ter un bon poids à celui des paniers, du bât et des
légumes; de sorte que le bourriquet allait au
marché, — par le matin clair, par le matin chaud,
par le beau matin, — sous une assez pesante
ânée; et il ne cessait de geindre tout le long de
la route. D'ailleurs, c'était une petite bête qui
n'était jamais contente de rien.

Une fois qu'il geignait plus pitoyablement,
car le vent lui-même, entre les hauts blés et les

branches, haletait de chaleur, vint à passer par
le même chemin, en voiture de toutes les couleurs, — voiture bien étrange, qui ne touchait
pas le sol, les roues tournant dans l'air, et que
traînait un attelage de tourterelles aux harnais
de roses, — un petit seigneur, tout d'or et de
perles habillé ; et ce qui était plus extraordinaire,
c'est qu'il avait aux reins un carquois de pierreries et, aux épaules, des ailes de neige ; vous
l'auriez pris pour un oiseau et pour un chasseur
à la fois.

Comment se fit-il qu'il ne fut point aperçu de
Toinin ni de Toinine ? l'histoire ne le dit pas,
sans doute parce que, elle-même, elle ne le sait
point. Le sûr, c'est qu'ils continuèrent de se chatouiller, de crier hue et de rire, comme si de rien
n'était. Mais, dans le matin clair, dans le matin
chaud, dans le beau matin, le chasseur-oiseau
s'approcha de l'âne, et : « Pourquoi donc te la-
mentes-tu de cette façon, petite bestiole ?

— C'est, petit seigneur tout d'or et de perles

habillé, parce que je porte une trop lourde charge.

— Elle est bien jolie.

— Elle est bien lourde et me rompt l'échine.

— Hum ! hum ! tu m'as tout l'air d'un bourriquet bien difficile à satisfaire, et je gage que tu te plains à tort. Chaque fois que nul ne les peut voir, ce garçon et cette fille ne manquent pas de descendre du bât pour s'aller caresser dans les petits bois ou dans les hautes herbes ; et comme ils y demeurent longtemps, tu as tout le temps de souffler.

— Seigneur, ils ne descendent jamais.

— Jamais !

— Jamais, sinon arrivés au marché, pour vendre les légumes, ou bien, revenus au hameau, pour rentrer dans les fermes.

— Ce sont de petits imbéciles ! s'écria le chasseur-oiseau d'une voix où il y avait beaucoup de colère. Ils sont d'un âge où il n'est plus permis de braver la loi qui régit tout l'univers ; et, bien plus pour mon honneur que pour te venir en aide, je prétends qu'ils changent, dès aujourd'hui, de conduite Tu vois ce champ de blé qui longe la route ? Avec l'air de n'y pas entendre malice, conduis-les de ce côté, et, quand tu se as au bord du champ, cabre-toi brusquement et rue, de façon qu'ils tombent tous deux dans les blés. Tu auras long loisir de te reposer, c'est moi qui t'en fais promesse, et de paître l'herbée mêlée de coquelicots. Cependant si ce stratagème ne réussissait point, tu n'auras qu'à m'appeler, et je t'en enseignerai d'autres.

— Comment vous appellerai-je, seigneur ?

— Tu n'auras qu'à braire : « Amour ! » Là-dessus le chasseur-oiseau disparut dans le matin clair, dans le matin chaud, dans le beau matin.

L'ânon, qui était plein de malice, comme tous ceux de sa race, suivit fort adroitement les conseils de son protecteur. Petit à petit, il obliqua vers le bord de la route, du côté du champ, et, dès qu'il en fut tout proche, il se cabra et rua si

rudement que Toinine et Toinin (— Aïe ! —
Aïe ! — Au secours ! — A l'aide ! — Toinin ! —
Toinine !) churent dans les grands blés à jambes
rebaindaines. Le baudet faillit gambader de
joie, et, pensant que tout irait pour le mieux, il

allait se mettre à brouter les coquelicots et
l'herbe, lorsqu'il reçut de fort violents coups de
pied. Les deux enfants, vite relevés, le châ-
tiaient à leur aise, et ils remontèrent sur son
dos, et le ramenèrent vers le milieu de la route

en lui frappant la tête à poings fermés et d'une dure corde à nœuds. Quoi donc ! Le seigneur d'or et de perles s'était-il joué de lui ? Il ne s'attarda pas à réfléchir sur ce point ; mais il se mit à braire : « Amour ! Amour ! Amour ! »

— Eh ! bien, que t'arrive-t-il ? demanda le chasseur-oiseau soudainement apparu dans sa voiture attelée de tourterelles.

— Il m'arrive qu'ils ne m'ont pas du tout laissé le temps de souffler, et qu'ils ont remonté sur mon échine.

— Voici une bien sotte fille et un bien stupide garçon ! s'écria Amour tout à fait en courroux. Mais entends ce que je te vais dire. C'est le plus court, d'ici au marché, n'est-ce pas, de prendre par cette sente, entre ces épiniers fleuris ? Ne manque pas de passer par là, et, quand tu seras arrivé sous le grand ombrage de saules bas et qui se mêlent, au petit étang clair où viennent boire les fauvettes des roseaux et les bergeron-

IL SE MIT A BRAIRE : « AMOUR ! AMOUR ! AMOUR » (P. 46).

nettes, ne te hâte point, arrête-toi, refuse de marcher plus avant.

— Faudra-t-il, comme dans les blés, les jeter dans l'eau ?

— Non, sois tranquille, ils y descendront d'eux-mêmes. » Le bourriquet fit selon la volonté du petit seigneur d'or et de perles, mais il n'avait plus grande confiance en son mystérieux protecteur. A peine arrêté près de l'étang, il s'attendait à être vigoureusement houspillé... Ce fut, au contraire, sur son dos, une légèreté imprévue; il souffla librement, largement; plein d'espérance et d'appétit, il tourna la tête vers le beau gazon gras et les mousses fraîches de rosée, tandis que s'en allaient vers l'étang, — par le matin clair, par le matin chaud, par le beau matin, — fille du voisin, fils de la voisine, cousine et cousin, elle en cotte fine, lui en bureau fin, Toinin et Toinine. « Ah ! dit-il.

— Quoi? dit-elle.

— Tu te souviens?...

« — Mais non.

— Mais si, Toinine !

— Toinin ?

— C'est ici que nous venions, tout petits, en cachette, nous baigner. On courait dans l'étang, presque pas profond, les pieds nus, en chemise. Pour jouer on voulait faire des boules d'eau, comme on fait des boules de neige. Mais l'eau glissait entre les doigts, on ne pouvait que se jeter des gouttes. Et l'on courait encore, on s'attrapait, et quand on était fatigué, on se laissait tomber au bord, de l'autre côté, dans les roseaux, et l'on se mettait dans les cheveux l'un à l'autre les petits scarabées et les bêtes à bon dieu qui montent le long des tiges. Ah ! souviens-toi... on s'amusait... Si tu voulais, on pourrait, comme autrefois...

— Non ! non ! tais-toi ! Allons-nous-en. C'était bon quand on était petit !

— Ce serait bien meilleur à présent qu'on est grand ! » Et, autour d'eux, sur eux, si près d'eux,

les saules bas et rapprochés caressaient d'ombre
et de silence l'eau muette qui a l'attirance d'un
doux gouffre mystérieux. « Oh! l'un de tes
pieds dans l'eau, seulement. Ote tes sabots.
L'un de tes pieds nus. » Elle ne répondit pas. Il
lui avait semblé qu'une branche de saule la
prenait par la taille, la poussait vers l'étang, et,
au delà de l'étang, vers les roseaux... Et le
jeune âne, délivré, heureux, eut tout le temps
de brouter jusqu'à plus faim les fraîches herbes
fleuries et les neuves pousses des arbres.

A partir de ce jour, rien ne lui fut plus
agréable que d'aller porter les légumes au marché; car ils ne se bornaient pas à descendre
près de l'étang, — par le matin clair, par le
matin chaud, par le beau matin, — fille du voisin, fils de la voisine, cousine et cousin, elle en
cotte fine, lui en bureau fin, Toinine et Toinin.
Mais, à chaque instant, ils laissaient le baudet
libre, pour s'aller caresser dans un petit bois ou
dans quelque champ de blé. Ce fut, pour la

bestiole, pendant trois, quatre, cinq mois, un temps aussi agréable que possible. Mais à être trop heureux, on ne tarde pas à devenir exigeant. Au reste, ce petit ânon l'avait toujours été. Et un jour, jugeant qu'il avait à se plaindre, il se mit à braire : « Amour! Amour! Amour! » Amour ne parut pas tout de suite, sans doute parce qu'il ne lui plaisait pas d'être dérangé pour un motif peu sérieux. Mais le bourriquet braya si bruyamment et si longtemps : « Amour! Amour! Amour! » que tous les autres oreillards, jeunes ou vieux, en prirent, comme j'ai dit, la coutume d'ainsi braire, et que se montra enfin le petit seigneur d'or et de perles. « Eh bien qu'est-ce? que veux-tu? dit Amour.

— Voici le cas, dit l'âne. Je ne suis plus du tout content, et je regrette le temps passé. J'accorde que Toinine et Toinin ne se tiennent qu'assez rarement sur mon échine. Mais, quand ils y montent, ils me semblent un peu plus lourds qu'ils n'étaient jadis. Je ne dis pas que

leur poids ait augmenté d'une façon excessive,
mais il a augmenté, un peu. Cela ne laisse pas
d'être pénible, et même insupportable, à quelqu'un de délicat, qui aime
ses aises. »

Amour éclata de
rire.

« Eh ! sotte bête,
dit-il, que ne les gar-
dais-tu sur ton dos ?
C'est de **ta** faute s'ils
sont trois à présent ! »

Et toujours riant, A-
mour, qui se réjouit des
caresses fécondes, s'en-
vola dans sa voiture
aérienne attelée de tour-
terelles au harnais de
roses.

LA FEMME DE L'UN D'EUX

A Monsieur Le Poittevin,
juge d'instruction.

Ce soir, ce soir, une femme courait, courait,
courait le long du canal, dans la ligne d'ombre
d'abord puis de lumière et d'ombre encore et
encore de lumière, puis d'ombre, des réverbères

l'un après l'autre qui s'en allaient le long du canal bien plus loin que la ville. Il n'y avait personne sur les quais. Des cabarets à gauche, à droite, tendaient des cotonnades rouges où noircissaient comme des ombres chinoises des visages et des bras levant des verres. Mais il n'y avait personne sur les quais, personne non plus sur l'étroite et sombre eau longue où les bateaux immobiles ressemblaient à de longs tombeaux de bois, à des tombeaux sans morts même, tant, d'être si immobiles et si silencieux, ils semblaient vides. Et, au ciel non plus, il n'y avait personne, pas même des nuages; c'était un ciel tout noir, dont le noir n'était pas fait de nuées opaques ni de nuit; un ciel qui devait être noir comme ça, toujours, naturellement. Mais de tout là-bas, de derrière tout, montaient des bouffées d'incendie et de furieuse fumée, comme d'un trou qu'on ne voit pas, comme d'entre les dents de quelque énorme bête. La bête ne s'avançait pas à la façon des animaux quand ils veulent ressaisir une proie

évadée, mais elle la réclamait de toute la force de
ses aspirations, de toute l'attirance de sa gueule-
gouffre. La femme ne se retournait pas, courait,
courait, courait le long de la ligne de lumière
et d'ombre. Je pense qu'elle aurait couru encore
plus vite sur le quai où il n'y avait personne, le
long de l'eau où il n'y avait personne, sous
le ciel où il n'y avait personne, si elle n'avait
eu, accroché à ses jupes, un enfant, un tout
petit garçon, qui ne pouvait aller aussi vite
qu'elle. Il imagina une chose très drôle, il se
laissa tomber sur son derrière, et, toujours te-
nant la jupe, se fit traîner. C'était comme un jeu
de gamin, en hiver, sur le ruisseau gelé. C'était
très drôle. La femme courait toujours.

Je ne la connaissais pas, je n'aurais pu dire ni
si elle était jeune, ni si elle était jolie. J'étais
quelqu'un qui était venu là par hasard, un soir
de flânerie. Mais je la suivais. Certainement,
c'était son intention de se jeter dans le canal,
avec son petit, quand elle serait plus loin encore.

J'étais décidé à l'empêcher de se jeter dans le canal. Un instant, je la vis se rapprocher de l'eau... Je la saisis par le bras! Elle poussa un cri, elle défaillit, je la portai sur un banc. Je me

tenais debout à côté d'elle. Assise, elle ne bougeait pas, ne proférait pas une parole, regardait l'eau devant elle. « Madame... » dis-je. Alors, tout à coup, elle fondit en larmes, la tête entre ses mains que secouaient les sanglots. Le petit garçon jouait sur la dalle du quai avec le mouchoir de sa mère, dont il faisait une tête de poupée. Elle pleurait toujours. « Madame... » dis-je encore. Elle me regarda. Elle était jeune, avec des yeux si tristes. Elle me regarda encore, fixement. On eût dit qu'elle voulait me reconnaître, qu'elle me reconnaissait; et, soudain :

« Oh! monsieur le juge! monsieur le juge! pourquoi m'avez-vous rattrapée? Vous allez me reprendre, me faire conduire par vos gardes dans la maison où sont les fous? J'ai bien entendu, vous avez dit : « Elle est folle. » Et vous avez parlé bas à quelqu'un qui était auprès de vous. Oui, oui, vous donniez l'ordre de m'enfermer avec les insensés qui secouent des barreaux et avec les vieilles gens qui bavent. C'est pour cela que je me suis échappée, avec mon fils. Laissez-nous aller. Laissez-nous seuls, pour que nous mourions. Vous nous laisserez aller, n'est-ce pas? Vous êtes bon, je vous remercie. »

Elle semblait calmée. Elle reprit :

« Mais, puisque vous êtes là, il faut que je vous explique toutes les choses. Quand vous saurez la vérité, vous ne ferez pas mettre en prison celui que vous avez interrogé, hier. Il n'est pas coupable. S'il y a des coupables, c'est moi, monsieur le juge, et c'est ce petit qui joue là. Oui, nous sommes coupables, mon cher enfant et moi. Mais lui, Bastien Ferrand, ah! non, non, je vous le jure. Les apparences sont contre lui, je conçois que d'abord vous ayez pu vous faire des idées, à cause de son nom, en regard de chiffres, sur un papier que l'on vous a montré. Mais, dès que vous saurez toute la vérité, vous verrez bien que ce n'est pas de sa faute, ce qui est arrivé, ce qu'il a fait. Il est si bon, si généreux, si honnête, et il a tant de talent, dont il fait l'aumône à de pauvres diables pour qui il plaide, et dont il se sert pour demander à la tribune que l'on ait pitié des misérables! Mais vous ne me comprendriez pas si je ne vous disais tout, depuis le com-

mencement. Une fois, dans la ville où j'habitais,
en province, Bastien Ferrand est venu défendre
en cour d'assises une femme qui était accusée
d'avoir empoisonné son amant. Si elle était coupable, si elle ne l'était pas, on ne pouvait le savoir au juste. Il y avait des choses contre elle, il
y en avait en sa faveur. Le certain, c'est qu'il
plaida de telle sorte qu'elle fut acquittée ; et si
vous l'aviez entendu faire revivre tout l'honnête
et résigné passé de l'accusée qu'un infâme avait
privée de toutes les joies, de toutes les libertés
auxquelles a droit la plus humble créature hu-
maine ! Mon mari, qui était conseiller général,
invita à dîner l'avocat parisien, député depuis un
an, qui avait remporté un si beau triomphe. Et
Bastien Ferrand resta tout un mois dans la petite ville. C'était pour moi qu'il restait. A Paris,
à la Chambre il avait tant de choses à faire !
Il oubliait tout à cause que, déjà, il commençait
de m'aimer. Ce qui me rendait comme folle de
joie, c'était de l'entendre me dire tous les beaux

desseins qu'il avait faits, avec ses amis, pour le

bonheur des pauvres et des souffrants. Cela me
faisait plaisir aussi, qu'il me dit que j'étais jolie,

et qu'il mourrait de ravissement si je lui donnais
mes lèvres ; mais j'étais plus heureuse encore
lorsqu'il ouvrait, devant ma pensée éblouie, tout
l'infini de son rêve social ! Je pleurais de douce
émotion quand il me racontait combien seraient
heureux, plus tard, les petits enfants des mineurs
et des ouvriers d'usines. Et, déjà, sa vie, sa vie
encore jeune, était si belle de courage, de dévoue-
ment, de sacrifice ! Une fois, il s'était battu en
duel parce qu'un homme, dans la rue, avait
insulté une pauvresse ; il faillit mourir d'une
auguste blessure ! Il avait fait don de l'héritage
de son oncle à un groupe politique qui fonde des
écoles : il avait accepté d'aller, dans un pays
colonial où il y a la fièvre jaune, défendre, devant
la justice militaire, quatre soldats déserteurs,
qui avaient déserté parce qu'on les privait de
nourriture et parce qu'on les frappait à coups de
plat de sabre. Et il était simple et sincère ; la
loyauté de son idéal me souriait dans ses yeux
héroïques. Si bien que je l'aimai. Est-ce qu'il n'y

a pas, dans une pièce ancienne, une jeune fille
qui s'éprend d'un homme tout noir à cause des
histoires glorieuses qu'il lui raconte? Je fis comme
elle. J'aurais aimé Bastien, même nègre; je
n'étais pas bien coupable de l'aimer, blanc, et si
tendre. Je me donnai à lui. Nous partîmes. Un
divorce me permit de ne pas déshonorer l'excellent et honorable homme de qui j'avais, d'abord,
porté le nom. Je devins Mme Ferrand et je fus,
des années, bien heureuse, et si fière d'être heureuse! Ne croyez pas, monsieur le juge, que mon
fier bonheur fût fait surtout des gloires qu'il y
avait autour de mon mari. Certes, — ah! je ne
dis pas le contraire, vous ne me croiriez pas!
— ça me faisait quelque chose d'infiniment doux
et précieux lorsque j'entendais vanter, même par
ses ennemis politiques, même par les plus mé-
chants journalistes, mon mari, toujours le premier
à réclamer le mieux pour les plus misérables, à
proposer ou à soutenir les lois le plus équitable-
ment compatissantes, à proclamer le sublime

avenir des fraternités universelles. Et sa gloire
me charmait. Mais ce qui, surtout, en elle, me
charmait, c'était qu'il la méritait par un si com-
plet oubli des avantages de fortune ou d'ambition
qu'elle aurait pu lui valoir. Deux fois, il refusa
d'être ministre, parce qu'il ne lui semblait pas
que, dans le ministère où on le conviait à entrer,
il aurait pu rendre au pays, au peuple, les ser-
vices qu'il était capable de rendre. Je le sais,
moi, monsieur le juge, moi qui, sur l'oreiller de
notre amour, ai reçu tous les nobles aveux de sa
conscience! et je puis vous dire, et je vous prou-
verai que, de ses appointements de député, que
des sommes qu'il recevait quand il allait plaider
en province pour des riches, — si c'était des
pauvres, il ne voulait pas d'argent, il leur en
donnait après l'acquittement! — il faisait des
aumônes aux gens du pays dont il était député
et aux autres gens qui viennent sonner à l'heure
du déjeuner. Est-ce qu'on peut dire : « Crevez
de faim » à des personnes à jeun, quand on est

en train de bien déjeuner avec sa femme et son
enfant? Car nous eûmes un enfant. C'est peut-
être de ma fierté d'avoir été mère par Bastien
Ferrand, que vint tout le mal. J'en étais si
extasiée, que j'en devins un peu folle. Dès après
mes relevailles, je voulus me montrer, avec mon
bébé tout habillé de dentelles aux bras de la
nourrice qui avait, lui coulant du bonnet breton,
un double long ruban. Et la fantaisie me prit de
donner des dîners, de donner des fêtes. Puisque
mon mari était le plus admiré parmi les jeunes
hommes du Parlement, je voulais être la plus
enviée parmi les femmes du monde politique.
Est-ce qu'on peut loger au quatrième étage,
quand on est mariée à celui de qui la gloire
habite au premier rang? Il nous fallut un hôtel,
et, puisque, vraiment, on ne peut, sortant de son
hôtel, monter dans un fiacre, je voulus des voitures à moi, coupé pour l'hiver, — il s'en servirait
pour aller à la Chambre, — victoria pour le printemps; et je vous demande quelle humiliation

c'eût été si nous avions eu un moins bel attelage
que la femme du président, au moment même où
nous étions assez mal avec la présidence? A vrai
dire, monsieur le juge, j'avais un peu de chagrin
quelquefois, de tant d'argent que je dépensais.
Mais Bastien Ferrand ne me faisait aucun
reproche. Oh! maintenant que je songe, je crois
bien qu'il avait quelque remords de tant de
prodigalité. Mais, si doux, si bon, si soucieux
du contentement de mon sourire à ses lèvres,
quand nous étions seuls après des fêtes où on
l'avait félicité tout autant de mon élégance que
de ses talents oratoires et de ses nobles visées
sociales, il ne pouvait s'empêcher d'être ravi
puisque j'étais ravie! il m'aimait tant, — parce
que je l'adorais, parce que je lui donnais,
devenue, de provinciale, Parisienne, et, d'amante,
épouse plus qu'amante, des plaisirs tendres
jamais obtenus d'aucune autre, — qu'il riait à
mes folies, qu'il était fou avec moi. Mais ceci
arriva que nous reçûmes du papier timbré. Le

clerc d'un huissier avait remis le papier timbré
au valet de chambre. Parce que j'eus l'air inquiet,

Bastien prit un
air très rassuré,
et très rassurant,
« Bah! Bah! ne
t'inquiète pas.
Nous avons des
dettes. Nous les
paierons. J'ai
trois procès à
plaider en pro-
vince. Trois pro-
cès d'héritage
que je gagnerai,et
nous serons très
riches! » Il riait,
je riais. Très tran-
quille,— croyant qu'il
l'était aussi — je m'habillais pour des bals, des
perles au cou, et des diamants aux oreilles.

il ne se fâchait jamais de mes parures, puisqu'il
les ôterait ! Tout ce qui lui importait, — après
les journées parlementaires où il avait combattu
pour le peuple — c'était que je fusse, un soir
d'Élysée, triomphante, et que, rentrés chez nous,
il baisât au front, dans le berceau de mousseline
rose et de malines, son enfant endormi, tandis
que, à peine sournoise, pourtant attardée à
dessein dans le cabinet de toilette, je lui pré-
parais, parmi les jets d'eau et le goutte-à-goutte
des essences, entendus peut-être, la fraîcheur
des baisers et le triomphe, que se substituât —
ah ! dès son premier souffle ! — aux artificiels
parfums, ces défis, l'abondant aveu de la fémini-
lité reconnaissante !

Mais il venait encore, toujours, toujours, du
papier timbré. Bastien m'adorait de plus en
plus, me disait : « Ne t'inquiète de rien, je t'en

supplie... Des huissiers envoient ces choses-là, pour gagner un peu plus d'argent... Ne t'inquiète pas... D'ailleurs, on me parle en ce moment d'une affaire... » D'une affaire? Je m'étonnais. Jamais je n'avais entendu mon mari dire ce mot : « Affaire »; je lui dis : « Quelle affaire? » Il me répondit, avec l'air de penser à autre chose : « Tu ne comprendrais pas. Mais l'affaire est très belle, et très sûre ; il s'agit d'une entreprise qui peut contribuer au bonheur du peuple, et à l'extension, dans tous les pays, de l'influence française. »

Je le reconnaissais bien là, Bastien. Ce qui, surtout, l'occupait, c'était l'honneur de son pays, la prospérité de son pays, — et que sa femme fût bien habillée! Je lui sautai au cou. Pourtant, j'étais un peu troublée. Je lui avais dit, quelques jours auparavant, pour l'amusement d'une taquinerie, que « une chaumière et un cœur », ça ne me suffirait pas. Plusieurs nuits de suite, il dormit mal, tout le corps sautant toujours ; puis, après avoir cherché, dans mes caresses toujours prêtes, comme la lassitude d'un souci, il respirait péniblement à la façon de quelqu'un qui dort dans un mauvais rêve. Et, un matin, ma femme de chambre m'apprit que le boucher était payé, que le boulanger était payé, que la blanchisseuse était payée, que le valet de chambre était allé payer à la Banque huit ou dix effets présentés la veille, et que Bastien avait, sans réclamer la monnaie du dernier louis, payé les gages de la cuisinière. Je dis à mon mari : « Mais alors, nous sommes des millionnaires!... » Il éclata de rire : « Oui, oui, des millionnaires. » Il laissait baller ses bras le long des bras du fauteuil où il s'était affalé... Monsieur le juge! Monsieur le juge! ce n'est pas de sa faute! ce n'était pas de sa faute! c'est de la mienne! c'est de la faute du petit qui était si content quand il avait une robe de dentelles... La coupable, c'est moi... Le coupable, c'est le petit... ce n'est pas Bastien Ferrand, qui aimait d'une tendresse si sincère

les misères du peuple humain... Ne le condamnez
pas...

La femme, après avoir si longtemps parlé, me
regarda de plus près. Elle eut un sursaut de sur-
prise ; comme si elle avait cessé de croire qu'elle
me reconnaissait. « Ce n'est pas... ce n'est
pas... » Elle empoigna son fils, et s'enfuit, s'enfuit,
s'enfuit si vite, qu'il me fut impossible de la
rejoindre, même de la suivre. Elle s'évanouit
sous le ciel où il n'y avait personne, sur le quai
où il n'y avait personne, le long de l'eau où il
n'y avait personne dans les longs bateaux noirs,
vides même de morts, par l'infini de la ligne,
d'ombre d'abord puis de lumière et d'ombre
encore et encore de lumière et d'ombre, des
réverbères l'un après l'autre qui s'en allaient le
long du canal bien plus loin que la ville et que la
vie.... pendant que bâillait, là-bas, derrière là-
bas, la rouge gueule aspiratrice..., et je ne savais

pas si j'aurais eu la conscience plus calme à la
détourner de son mortel dessein que je ne l'eus
à la laisser aller se noyer, plus loin, son petit
garçon entre la jupe...

L'HONNÊTE PANDÉMIE

« Voyez les roses, les belles roses, les belles
roses blanches, les roses blanches, toutes fraîches
de rosée ! » Elle va par les rues, par les boulevards ; devant elle, sur l'éventaire de planches

qui lui pend du cou, elle a, par touffes et par touffes, les magnifiques fleurs. « Voyez les roses, les belles roses blanches... »

Elle est très grande, et très belle, d'une beauté forte et saine qui lui emplit la jupe à la soulever, le corsage à le crever ; et dans sa franche face grasse s'ouvre violemment la pivoine de sa bouche, sous une tignasse tassée et tordue de cheveux roux d'un roux de safran rouge. « ... les roses blanches, toutes fraîches de rosée ! »

Un gardien de la paix lui dit : « Vendez, ne criez pas, on vous dit de ne pas crier. »

Elle ne daigne pas se taire.

« Voyez les roses, les belles roses, les belles roses blanches, les roses blanches, toutes fraîches de rosée ! »

A peine fillette, elle fut femme, par un soir chaud, le long de la haie, dans le fossé nuptial.

Un garçon de la moisson, revenant de l'aire, le
fléau à l'épaule, la vit qui s'en retournait, elle
aussi, vers la ferme, tant courbée sous une
énorme gerbe de paille, que ses deux seins, déjà

gros, pendaient hors de la chemise bise, et si
ardemment suante qu'on eût dit autour d'elle
d'une odeur de bête en amour. Il la reluqua sous
le nez, la bouche tout près de la bouche, lui prit

à pleines mains la gorge, et, poussée, elle tomba
en arrière, dans le fossé, sur sa gerbe défaite en
lit doré.

Dès lors, bien qu'elle n'eût que quinze ans,
elle fut, dans tout le pays, — un bourg et des
chaumes çà et là, — la femme de ceux qui n'en
avaient pas et aussi de ceux qui en avaient, la
femme de tous, jeunes et vieux. Personne ne lui
faisait de reproches : elle n'avait d'autres parents
que son oncle, un vieux qui vivait de la charité du
monde, assis sur une marche de l'église, le men-
ton de poils gris toujours branlant au bâton qui
vacille, et sa mère, une servante qui avait mal
tourné, à présent blanchisseuse à la ville. Quant
à elle, effrontée, elle riait, très contente. Elle
voulait bien qu'on la voulût, préférait qu'on la
prît. « Veux-tu ? — Je veux bien ! » N'importe où,
dans les herbes, dans le bois ou sur le chemin.
Des vieilles, avec des menaces de fourche, la
voyaient s'échapper, là-bas, — le soir ? oui, et

UN GARÇON.... LA VIT QUI S'EN RETOUR-
NAIT, TANT COURBÉE SOUS UNE GERBE
DE PAILLE (P. 81).

sous le plein jour, — en rabaissant sa jupe. Quant
au garde champêtre, il se fût bien gardé de dres-
ser procès-verbal, ayant son tour plus souvent
que les autres. De sorte que, belle, caressante,
hautaine aussi, elle était comme la reine impu-
dique du rut de toute la contrée. Et jamais elle
ne voulait qu'on lui donnât rien, après qu'elle
s'était donnée. Elle se fâcha avec le fils d'un fer-
mier riche, qui, de la foire, lui avait apporté un
foulard de cou. Désintéressement fort apprécié
des campagnards. « Qu'est-ce qui te ferait plaisir? — Embrasse-moi encore. » Il lui plaisait
d'être payée par le recommencement de ce qui
eût valu salaire. Elle n'aimait qu'à être aimée.
Elle avait, à donner de la joie, une joie qui la ré-
compensait d'en avoir donné. On avait perdu
l'habitude de lui dire : « Veux-tu ? » parce qu'elle
voulait toujours ; même, elle disait, la première :
« Viens donc ; » et l'offre, toujours, de toute elle,
n'exigeait que l'acceptation. Comme il faut manger, — elle était d'autant plus affamée qu'elle

était plus amoureuse, — elle se louait pour la garde des moutons, pour la gaule des oies, pour la moisson, pour mener brouter les vaches, pour laver le carrelage de la cuisine des fermes ; et, si lasse qu'elle fût après la rude journée, elle ne l'était jamais assez pour refuser une autre fatigue, qui l'extasiait ! Tant qu'enfin elle fut grosse. Quand elle eut mis bas, elle s'en alla, son mioche au sein, au chef-lieu, et se fit nourrice. Elle avait assez de lait en ses fières mamelles pleines, pour deux nourrissons. Les petits sevrés, le sien mis à l'hospice, elle entra servante dans une hôtellerie. Une hôtellerie où passaient de rares commis voyageurs en clouterie ou en mercerie, et qui fut bientôt très achalandée, à cause de la servante, belle, blanche, grasse, plus belle que n'avait été la fille de campagne, et infatigable. Quatre ou cinq lits par nuitée, quelquefois davantage. Elle s'épanouissait, heureuse, fière aussi, dans le multiple et incessant accomplissement de sa destinée. Mais, un matin, elle fut mise à la porte par la patronne. Elle avait flanqué, en chemise, une paire de gifles à un excellent client. Pourquoi l'avait-elle giflé ? parce que, reconnaissant, il avait voulu, avant de s'endormir, lui donner une petite pièce d'or. Elle était ainsi. Elle eût été bien embarrassée de dire pour quelle raison. Elle était ainsi, voilà tout. Elle partit pour Paris avec un homme qui avait pour fonction d'emmener des domestiques dans la grande ville. Elle fut bonne d'enfants, elle fut bonne à tout faire ; de place en place, elle se donnait au maître, au fils du maître, au valet de chambre, au cocher, à tous les domestiques. D'ailleurs, enragée aux besognes, et polie, et probe. Une fois qu'on l'avait chassée de chez un mastroquet où elle lavait la vaisselle, elle rencontra, un peu avant la nuit, sur le boulevard extérieur, un grand garçon, pas beau, l'air rude et farce, une grande cravate rouge, la chemise lâche, une ceinture bleue serrant les flancs. Il la regarda, étonné. A Paris, elle était restée campagnarde. Pas l'air d'une fille, l'air d'une belle bête,

avec, eût-on dit, sur sa peau, dans ses cheveux,
des odeurs encore d'amour dans l'herbe des fossés
et la paille des granges. Il lui pinça les reins, elle

éclata de rire, il l'emmena. Ils couchèrent dans un
cabinet à la nuit, au troisième étage d'un hôtel
de La Chapelle. Au réveil : « Tout ça, dit-elle,

c'est très bien. Tu me plais, oui, là, vraiment, tu
me plais. Je te préfère à tout le monde. Je ne
savais pas ce que tu m'as appris. Je te veux toujours. Je mourrais, si tu voulais, pour t'amuser.
Mais comment est-ce que je vais vivre, moi ? » Il
dit : « Bah ! bah ! tu verras ! — Enfin, comment
vivrai-je ? » Il pouffa de rire en enfilant son pan-
talon. Il eut une idée. « Fais-toi bouquetière !
— Je veux bien », dit-elle. Il voulut lui donner
deux francs pour acheter des fleurs. « Non, il me
reste huit francs. » Elle acheta un éventaire, et,
aux voitures qui passent, des fleurs. Désormais,
elle fut bouquetière, dans les rues, le long des
boulevards. Et elle était très heureuse, à cause
de son amant, pas très beau, mais drôle, qui lui
donnait du plaisir qu'elle n'avait pas connu. Ils
se rejoignaient, les soirs. C'étaient des noces, où
ils se saoulaient, où il la battait, où elle était
bien aise. Il lui dit : « Ça ne rapporte pas assez,
ton métier. Tu es bête. — Non, je fais ce que je
peux pour vendre. — Je te dis que tu es bête. Je

ne parle pas des fleurs. Il y a des hommes dans les rues. Tu peux aller dans notre chambre. — Vrai, ça ne te ferait rien ? — Je te dis que tu es bête. — Oh ! alors, c'est convenu. » Elle ne demandait pas mieux que de se livrer aux gens qui passent. Or, hier, ils avaient pris rendez-vous dans une cité, entre la rue de Provence et la rue Lafayette. Il arriva, faraud, les poings aux hanches. Elle éclata de rire. « Non, ce qu'ils sont drôles, les Parisiens ! » Il riait aussi. Il dit très vite, à voix basse : « Donne ! — Quoi ? — Ce qu'on t'a donné. — On ne m'a rien donné. Je n'ai pas voulu. » Il lâcha une sale injure, en levant le poing. Elle comprit. « Alors, tu veux qu'on me donne ?... — Parbleu ! » Elle le regarda, longuement, fixement. « De l'argent, tu veux que je reçoive de l'argent ? — Dame ! tu es assez belle fille pour ça. » Elle ne répondit pas. Elle songeait. Elle dit enfin : « Les tiges de mes fleurs sont fanées. Tu as ton couteau ? prête-le moi, pour que je coupe le bout des tiges. — Tiens. » Elle

ajouta : « Allons, c'est dit, je ferai ce que tu veux.
J'y vais. Embrasse-moi. » Ils se pencha vers elle,
ne poussa pas un cri. Du couteau,
elle lui avait tranché la gorge ;
le rouge sang, en furieux rui-
sellement, abondait sur la
main meurtrière, et sur toutes les fleurs. L'homme
tomba, les reins aux pa-
vés, mort. Elle le con-
sidérait. Elle avait l'air
d'attendre qu'on accou-
rût contre elle, qu'on
l'empoignât, qu'on la mît
en prison. La cité était
déserte. Il ne venait
personne. Elle attendit.
Personne. Elle s'en alla.

« Voyez les roses, les
belles roses, les belles roses rouges, les roses

rouges, toutes fraîches de rosée! » Elle va par les rues, par les boulevards ; devant elle, sur l'éventaire de planches qui lui pend du cou, elle a, par touffes et par touffes, les magnifiques fleurs. « Voyez les roses, les belles roses, les belles roses rouges!... »

« Ses mains sur l'éventaire sont aussi sanglantes que les magnifiques fleurs. « Les roses rouges, toutes fraîches de rosée! » Un gardien de la paix lui dit : « Vendez, ne criez pas. On vous dit de ne pas crier. » Elle ne daigne pas se taire. « Voyez les roses, les belles roses, les belles roses rouges, les roses rouges, toutes fraîches de rosée! »

LA FEUILLE VERTE

ET LA FEUILLE ROSE

Au moment où j'étale la feuille blanche qui
sera, tout à l'heure, un conte dont je ne sais pas
encore le titre, une large feuille verte, la feuille
d'un arbre exotique dont je ne sais pas le nom,

frôle la vitre d'une haute fenêtre ; et c'est comme
un défi, comme l'offre d'une joute : il me semble
que ce Jour d'été me provoque : « Lequel de
nous deux, toi sur la page blanche, moi sur
la page verte, mettra la plus agréable chose ? »
Eh bien ! radieux jour, j'accepte ton cartel ; nous
verrons bien si ce que j'ai de poésie ne l'emporte
pas sur ce que tu as de soleil, de couleurs, d'infini ; et, tout de suite, je commence un conte. Tu
n'as qu'à bien te tenir.

« Il y avait une fois une reine d'Asie si rayon-
nante de beauté et si ornée partout de saphirs,
de rubis, de sardoines, de chrysoprases et de
béryls que, d'un peu loin, on la prenait pour un
diamant, plus lumineux que tous les diamants,
tombé dans une coupe de pierreries. Mais cette
resplendissante reine était étrangement pares-
seuse, sans doute à cause de la grande chaleur
qu'il faisait dans son pays ; bien que, souveraine
magnifique, elle eût à sa portée, comme la fleur
d'un bouquet, toutes les joies que puisse offrir

la toute-puissance à la toute-beauté, elle se gar-
dait bien d'en cueillir, ni d'en respirer, elle-
même, aucune. Pareille, en une ingénieuse
absurdité, à un satrape de qui, je ne sais où,
j'ai lu l'histoire, elle avait cinq jeunes
esclaves qui lui tenaient lieu de ses cinq
sens. L'une, faisant fonction de l'Ouïe,
écoutait, pour la reine, les mélancolies
chantantes du rossignol et les madrigaux
des bohèmes qui passent, ces princes des
poètes qui songent et qui créent, ces dieux,
et ces boulevardiers du boulevard de Sirinagor, ces impuissants et ces imbéciles;
une autre était la Vue, se plaisant, pour
la reine, aux lointains blanchis de buée
et bleus d'horizon, des avenues, au brouhaha
versicolore des fêtes, à l'émail changeant des
étoffes lamées, aux aimables formes, gra-
ciles où il faut, grasses où il convient, des
jeunes seigneurs, des jeunes dames aussi; une
autre était l'Odorat, s'extasiant, pour la reine,

du cœur surchauffé des roses, des bonnes
odeurs que, hors des plats d'argent, dardent les
ailes d'une pintade piquée de pistaches, rôtie au
feu de sarment, servie en la sauce cameline
(cette sauce est la meilleure des sauces!), et des
aveux de désirs roux ou bruns, qu'exhalent, res-
semblances, les aisselles des jeunes demoiselles
ayant longtemps valsé avec des valseurs qui
étreignent bien ; une autre était le Goût, épris
des liqueurs sucrées que fabriquent, dans des
iles, des négresses, et de l'intensité de la truffe ;
une autre était le Toucher... Une pudeur que
personne ne réprouvera me défend de dire en
quelles fonctions spéciales la cinquième esclave
suppléait le tact de la reine. Cependant, celle-ci,
en sa paresse, s'éprouvait-elle heureuse ? nul ne
le sut jamais, pas même celle de ses Sens qui
était l'Ouïe, car la reine ne parlait point ! Mais
elle étincelait, extraordinaire diamant, parmi les
beryls, les chrysoprases, les sardoines, les rubis
et les saphirs ! »

Eh bien! Jour d'été, que penses-tu de mon conte? N'ai-je pas triomphé, par ma reine, pareille à un écrin de pierreries débordantes, de la feuille verte qui frôle la fenêtre, et qui fait, semble-t-il, un miraculeux scarabée de mille petites cassures d'astres, illuminées de soleil? Allons, allons, soit, il est joli, ton scarabée. On pourrait discuter. Je ne discute pas. Parlons d'autre chose.

« Il y avait une fois deux héros qui aimaient la même déesse! Comme, en réalité, il n'y eut jamais que deux héros sur la terre, l'un se nommait Achille, l'autre se nommait Roland, et quant à celle qu'ils aimaient tous deux, vous pensez bien, — puisqu'il n'y eut jamais qu'une déesse! — que c'était Aphrodite, tièdement neigeuse comme l'écume maternelle. Donc, ils combattirent pour elle, au bord de la mer qui, s'intéressant au sort de sa fille, accumulait vers la lice ses vagues attentives, suspendues! Ce fut un sublime combat, à cause des armures blanches, et des éclairs qui jaillissaient de la blancheur des armures, et de la beauté du sang sur l'argent des armures crevées en blessures roses ! Ils combattirent tout un jour, puis toute une nuit, puis tout un autre jour, puis toute une autre nuit, et tant de jours et tant de nuits encore, qu'enfin le soleil et les étoiles s'ennuyaient de les voir combattre ; comme ces témoins de duels entre boulevardiers du boulevard de Sirinagor qui, à la vingt-septième reprise, supplient l'un des médecins, — car, enfin, il est trois heures de l'après-midi ! — de bien vouloir mettre, d'une soudaine lancette, ayant l'air de croire à une invraisemblable blessure, une goutte de sang au poignet de l'un des combattants acharnés... à se tenir, l'un de l'autre, à quatre mesures d'épée ! Mais Roland et Achille se battent pour tuer ! seule excuse de la batterie. S'ils ne se sont pas encore éventrés jusqu'aux héroïques tripes sortantes, c'est qu'ils sont, superbement, deux égaux adversaires ! Et de cent vaines blessures, vaines tant qu'elles ne sont pas mortelles, le sang de l'un défie le sang de l'autre, à cause d'Aphrodite, vermeille comme la blessure suprême, et blanche comme la mort aux lèvres du vaincu ! Et ils continuent de se battre... »

Je regarde la feuille qui frôle la fenêtre. « Que penses-tu de mon conte, radieux Jour d'été ? » Je regarde plus fixement, je vois, sur le vert satin lisse, le duel de deux cirons pour quelque cironne sans doute blottie entre un pli de la feuille. Ils se précipitent, tout petits, effrayants, l'un contre l'autre, ils se prennent, ils s'étreignent, avec d'à peine perceptibles ailes, et, enfin, l'un avale et mange l'autre. Je suis obligé de confesser que Roland n'aurait pas mangé Achille, ni Achille Roland. Et je suis vaincu. Pas encore. Recommençons. J'espère triompher par des miracles humains où la nature ne saurait s'égaler.

« Il y avait, une fois, une petite fille, sur une

route. Elle était, cette petite, si petite, que, en passant, on aurait marché sur elle, sans s'apercevoir qu'elle était là, si l'on n'avait pas été pré-

venu qu'elle y était. Elle n'avait pas de gîte. Où mangerait-elle ? Où dormirait-elle ? Une autre petite survint, qui avait faim aussi, qui n'avait pas de gîte non plus. Celle qui était survenue, dit à l'autre : « Tout de même, il y a de l'herbe dans les champs, que l'on peut manger, comme font les animaux, et il n'est pas défendu de dormir dans le trou d'un ancien four à chaux... »

Je lève la tête vers la feuille verte. Je vois une fourmi, qui s'approche d'une plus petite fourmi,

et la prend comme elle ferait d'un menu mil
qu'elle aurait trouvé, et l'emporte, descendant
de la feuille, vers quelque fourmilière... Quoi !
ne triompherai-je point? Et je songe, je songe...

« Il y avait une fois un jeune garçon qui
aimait une fillette; il avait quinze ans, elle en
avait quatorze. Il ne leur était pas permis d'être
ensemble, parce qu'ils étaient trop jeunes, et
parce que ni les parents de lui, ni les parents
d'elle, n'avaient encore résolu de les marier.
Tout de même, le monde, — même ceux qui le
leur défendaient, — était content de les voir
ensemble, tant c'était charmant qu'il y eût
encore de l'amour sur la terre.

Il y en avait, vraiment, en eux; vous leur
auriez offert tous les trésors et tous les trônes,
à la condition que jamais plus ils ne se bai-
seraient, ils auraient refusé les trônes et
les trésors. Parce qu'ils aimaient mieux se

baiser sur les lèvres. Ils avaient bien raison

Ceux-là mêmes qui feignaient de leur donner tort étaient de leur avis, dans l'espérance, ou dans le vain souvenir.

Ces jeunes amants s'échappaient de leur maison, le soir; ils s'en allaient, par une très étroite sente, — trop étroite, pas assez étroite, — vers le nid charmant et tendre du bois. Et c'étaient, alors, de longs, longs, longs, de vrais, vrais baisers de bouches qui ne pensent pas à autre chose, des baisers, des baisers, des baisers encore, dans le noir tendre et charmant du bois, dans le noir à côté de la cressonnière qui verdit l'eau et de la saulaie qui l'éraille; et, tous les soirs encore, ce sont, au même coin de la nature, de vrais, de vrais, de vrais baisers! »

Je m'interromps, je me tourne vers la fenêtre. « Qu'est-ce que tu as à répondre, Jour d'été ? On sait l'immoralité de tes nids et que, depuis un temps, les femelles des pinsons, qui n'émigrent plus à l'automne, cohabitent avec les moineaux francs. Tu essayerais en vain d'objecter à l'orthodoxie, encore affirmable, de nos bouches, l'hérésie amoureuse, évidente, de tes becs! Et je suis curieux de voir ce qu'il y aura sur ta verte feuille frôlante. »

Il n'y a plus de feuille. Elle s'est dérobée, elle a disparu, vaincue. Mais la fenêtre s'entr'ouvre et un peu de brise parle. « Oui, oui, tu triomphes, dit le zéphyr qui passe. Parce que les nids sont très immoraux, la feuille a renoncé à la lutte. Mais elle t'a cru, elle a demandé à l'un de mes souffles de la détacher de l'arbre, de l'emporter, de la conduire vers les bois noirs et tendres où sont les longs, les vrais, les vrais, les vrais baisers!

Hélas! déçue par ton défi à l'adorable Été, elle sera bientôt une feuille désillusionnée et morte, car, de vrais baisers, depuis l'invention de la pensée dans l'amour — même sous la saulaie, même parmi les cressonnières, — il n'y en a plus ! »

DANS LA CHANVRIÈRE

Il n'est — c'est le proverbe — vertu de femme
ni de fille à la moisson de chanvre. Et pour quelle
cause donc? parce qu'elle se fait aux jours chauds,
quand les ruisseaux ont la pépie, quand la terre

chatouille les plantes des pieds nus d'un œstre qui
monte jusqu'au cœur, ou moins haut, ce qui
suffit, et quand le vent promène une torche sous les
jupes? ou bien, parce que l'odeur de la chanvrière
mûre saoule pis, ou mieux, qu'un vin poivré, et
rend la tête si lourde qu'elle choirait toute seule,
si le corps ne la suivait dans le fossé ou le sillon,
tombé sur les reins? S'en enquière, qui en est
curieux. Le grand point, c'est que les femelles,
en chanvrant, sont folles. Diablezot! lorsque,
celles-là, sur l'aire, maquant, espadant, grégeant,
toutes suent, fument et bâillent, les seins hors
de la chemise d'où suinte une rosée tiède comme
d'un torchon à tamiser la blanquette, vienne à
passer le régiment d'Aquitaine! il trouvera à
qui parler, ou, pour mieux dire, avec qui se taire,
car on ne discourt point, les bouches l'une dans
l'autre enfoncées. Mais, puisque nul régiment ne
passe, Cadige, qui a les yeux larges, creux et
noirs comme des noirs de coups de poing, la
Margueride, si grasse et si rouge, et si hanchue

qu'elle a l'air, la cotte retroussée, des deux parts

jusqu'à la taille, d'avoir chaussé deux gigues de

brebis crue, et la Mionne, sèche et gringalette, sarment qui a déjà flambé, toute rousse, cuir et crins, les trois bien mouillées de labeur et de rut, et fleurant le chanvre des champs et leur chanvre à elles, se sont avisées et férues, entre les échines ployées et les bras qui remuent, de Guillaumet qui travaille à l'autre bout de la plaine, fort garçon, culotte bleue, le buste nu, sabré de coups de soleil ; et, venu le moment, sous le rutilant et surchauffant soleil, du repos de midi, où collés deux par deux, derrière le mur, dans la bruyère, dans les pierrailles de la margelle éboulée, gars et garces ne se reposeront guère, la Cadige : « Vrai comme je suis, j'en tâterai ! » dit-elle. — « Non point, dit la Margueride, que je n'en aie eu mon plaisir ! » — « Eh bien ! quoi donc ? j'en serais privée ? » dit la Mionne. Il s'en faut de peu qu'elles ne se querellent et n'en viennent aux coups pour l'amour de Guillaumet. Mais parmi le tumulte des moissonneuses et des moissonneurs qui se

DIABLEZOT ! LORSQUE CELLES-LÀ FUMENT ET BAILLENT
LES SEINS HORS DE LA CHEMISE (P. 110).

redressent, s'étirent, et s'éloignent, vient à passer Marinette, joliette et menue, qui a l'air si convenable, qui est toujours si propre de l'habit et des mains. Même au temps du chanvre, elle n'a garde d'avoir les cheveux ébouriffés; et, tous les dimanches, elle va à la messe, où elle lit dans un petit livre. « Il est bien vilain de disputer, dit-elle, à qui, la première, commettra le péché. Mais, puisque vous ne pouvez vous tenir que vous n'accoliez Guillaumet, du moins ne vous battez pas, je vous prie. Chantez chacune une petite chanson, et qui aura chanté la plus belle, ira seule vers le garçon qui vous plaît. » L'accommodement leur plut. « Merci, Marinette ! — Merci, Marinette! — Marinette, merci! » Et, l'une après l'autre, elles chantèrent pour gagner leur plaisir.

LA CHANSON DE CADIGE.

J'ai mené ma chèvre paître, et mon cœur avec ma chevrette, le long du talus fleuri. Elle ne

paît guère que des fleurs jolies. Ah! la mauvaise
bergère, ne va point là, viens par ici. Mais je
sais que mon ami, à travers maïs et
fougère, reviendra où je le vis.

Je mène ma chèvre paître,
et mon cœur avec ma che-
vrette, le long du talus fleuri.
Mais je sais que mon ami, à
travers maïs et fougère, reviendra où je le vis. Il reviendra, j'espère, ainsi qu'il
venit. Ah! l'amoureuse bergère, ne va point là, de-
meure ici. Le garçon que j'ai
choisi accourt, me salue et
me serre. Bonsoir, Belle! il est
parti. Mais je sais que mon ami, à travers maïs et fougère, reviendra où je le
vis.

Le garçon que j'ai choisi accourt, me salue et me serre. Bonsoir, Belle! il est parti. Que dira ma mère, lorsque j'accouchis? Ah! malheureuse bergère, il est là-bas, tu es ici. Une autre l'a pour mari, et je ne verrai plus sur terre mon bel amour tant chéri. Le garçon que j'ai choisi accourt, me salue et me serre. Bonsoir, Belle! il est parti.

Une autre l'a pour mari, et je ne verrai plus sur terre mon bel amour tant chéri. Jésus voit ma misère et veux m'en gueri. « Ah! douloureuse bergère, ne va point là, viens par ici. Prends un Ange pour ami dans le royaume de mon Père... » Mais j'ai dit: « Jésus, merci! » Je mène ma chèvre paître, mon

cœur avec ma chevrette le long du talus flétri.

LA CHANSON DE LA MARGUERIDE.

Tu m'effeuilles ? J'en suis aise. Tu me
baises ! Je veux bien. Grand'mère file sur sa
chaise... Que file-t-elle ? toile ou dentelle ? On
n'en sait rien.

Cœur fidèle, cela pèse. Je suis fraise, mords-
moi, tiens. Grand'mère file sur sa chaise... Que
file-t-elle ? toile ou dentelle ? On n'en sait
rien.

J'en veux douze, qui me plaisent ! Mais, à
treize, la Mort vient. Grand'mère file sur sa
chaise... Que file-t-elle ? deuil en dentelle ? Ça
ne fait rien.

LA CHANSON DE LA MIONNE.

J'ai pris un rayon de soleil, dans l'air clair, en
ma main jolie, pour plaire à mon amant vermeil.
(L'été flamboie sur la moisson ! Chante, chanson,
chanson de joie !) J'ai pris un rayon de soleil,
mais l'amant m'a dit : « Cet or-là, petite, j'en
sais de pareil parmi les blés où l'on
moissonne ! »

J'ai pris un radieux lys roux, sur la
tige, en ma main jolie, pour plaire
à mon amant si doux. (L'été se
pâme dans le buisson ! Chante,
chanson, chanson de flamme !) J'ai
pris un radieux lys roux, mais l'amant
m'a dit : « Cet or-la, petite, il fleurit
pour tous aux jardins où l'on se promène ! »

J'ai pris un chaud parfum doré, sous ma jupe, en ma main jolie, pour plaire à l'amant adoré. (L'amour soupire à l'unisson ! Chante, chanson qu'on ne peut dire !) J'ai pris un chaud parfum doré. Et l'amant m'a dit : « Viens-nous-en, petite... L'or n'est parfumé, ainsi parfumé, qu'au lit où je vous baise ! »

Mais, quand elles eurent chanté leurs chansons sur le conseil de Marinette, chacune jura que la sienne était la plus belle. Cadige, la Margueride et la Mionne se trouvèrent fort embarrassées, car nul n'était plus là, — tous les couples occupés à de plus urgentes besognes, — pour désigner la triomphatrice, et, ma foi, elles prirent le parti, — tant brûlait le soleil au ciel et, en elles, une plus vive chaleur, — de faire Guillaumet juge, non point du mérite des choses qu'elles chantèrent, mais des droits de chacune, par la beauté et le désir d'en faire un prompt usage, à obtenir le prix qu'elles convoitaient. « Guillaumet! Guillaumet! Guillaumet! »

Aucune réponse. Il ne les entendait pas. Et elles ne le voyaient plus. Où était il?

Longtemps, longtemps, elles coururent, allant, venant, cherchant, appelant le fort garçon au buste nu sabré de coups de soleil. Enfin, dans un sentier, assez loin de la chanvrière, elles le reconnurent. Il s'avançait lentement, courbé, l'air de quelqu'un qui est très las. Mais qu'il était beau et désirable!

« Guillaumet! dit Cadige... — Nous t'aimons! dit la Margueride... — Choisis entre nous! » dit la Mionne. Et, pour se faire valoir, elles lui contèrent à quel moyen elles avaient recouru pour qu'une d'elles le gagnât. Mais, lui, il les regardait, clignotant, et les bras qui ballent. « Eh! les pauvres, voilà, dit-il, qui est bien fâcheux pour vous. Mais rien ne me reste dont vous puissiez faire votre profit. Car Marinette est une rusée qui ne perd pas le temps en chansons ! »

LES DIRES DU PETIT PIED NU.

La fillette, — qui fut, en rêve, filleule de fées,
— s'éveille dans la couchette du dortoir. Il y a,
là-bas, une lampe au plafond, qui est douce, aimable, comme tendre, qui a l'air de ne pas voir

ce qu'elle éclaire si peu. Et tous les petits lits, dans le cimetière puéril, qui ne dure pas, tous les petits lits d'où essaime presque silencieusement le bruit d'abeilles des enfants endormies, semblent de fines sépultures blanches qui ne seraient pas tristes. La fillette ne peut se rendormir. « Marthe ! Marthe ! Armandine ! Juliette ! » Pas de réponse. On n'a pas idée d'avoir le sommeil si dur. Et c'est ennuyeux d'être éveillée, quand on n'a personne pour causer. Elle s'avise d'une chose : des deux mains, sous la couverture, elle prend son pied droit, l'attire, le lève, le regarde, sous la lumière vague, qui ne voit rien. Il est tout menu, et joli, ce pied, au bout de la jambe grêle d'où glisse la chemise. Il a la couleur d'une cire où l'on aurait mêlé un peu de sang d'églantine ; et, quand les doigts en remuent, à peine, avec des vivacités de petit guignol, il a l'air très malin. La fillette cause avec son pied nu. Et l'Orteil lui dit, grave : « Mademoiselle, c'est très mal de ne pas dormir à

pareille heure. C'est peut-être le remords de ne
pas avoir fini vos devoirs, qui vous trouble ? Sa-
chez qu'il faut bien travailler pour être agréable
à ses parents et pour
avoir beaucoup de
prix, le jour de
la Dis-
tribu-

tion. » Fi ! l'ennuyeux orteil ! Il parle comme
M. le curé. Elle lui donne une petite tape en
lui faisant la moue. Et le second doigt dit :
« Oui, je crois que le rose vous irait beaucoup
mieux que le vert pâle. Mais il faudrait mettre

des bouillons au corsage, devant, parce que vous avez la poitrine un peu plate. » La fillette pense :

« Il a raison, je dirai à grand'mère que je veux une robe rose. » Et le troisième doigt dit : « C'est le jour des Rois qu'aura lieu le bal chez votre cousine. Bien sûr, Alfred vous invitera à danser. Comme il est joli, Alfred, en son uniforme de Sainte-Barbe ! Vous avez remarqué ? il a, déjà, aux coins des lèvres, quelque chose de blond et de très léger... il faut que je vous explique : c'est des moustaches. » La fillette pense : « C'est des moustaches... des moustaches... Alfred... » Le quatrième doigt dit : « Vous avez eu tort, aux vacances dernières, pendant que les autres dansaient, de ne pas vouloir aller au jardin avec lui ; il vous aurait parlé tout bas, vous auriez senti ses moustaches tout près de vos lèvres, et comme les élèves de Sainte-Barbe sont très savants, il vous aurait enseigné beaucoup de choses... — Quelles choses ? demanda la fillette.

— Ah! je ne sais point. Mais il y a le petit doigt, le tout petit doigt, qui sait tout. » La fillette dit : « Petit doigt, parle, dis les choses que tu sais ! dis-moi ce qu'Alfred m'aurait enseigné au jardin. » Mais le petit doigt a une si petite voix qu'on ne peut l'entendre; évidemment, il parle, mais la fillette ne l'entend pas. Alors, souple, elle plie la jambe, attire son pied jusqu'à son oreille... Et le petit doigt parle, parle, parle... Elle a les joues toutes roses, lâche son pied, s'enfonce la tête dans l'oreiller, et ne s'endort point sous la lampe lointaine, si douce, qui a l'air de ne pas voir.

Le déplorable mari meugla :

— Malheureuse !

— Mais non, mais non, dit l'effrontée épouse.
Pas malheureuse du tout. Vingt-deux ans, aussi
jolie que possible, même beaucoup plus jolie
que ça, quand je m'applique. Une odeur, sous
les petits cheveux de la nuque, d'œillet qui se

serait fané dans un coffret de santal. Et vous avez cent mille francs de rente.

— Misérable !

— Ah ! fort bien. Je vous entends. Vous ne me plaignez pas, vous m'insultez. A quel propos, s'il vous plaît, dites ?

— Je suis trahi !

— Par moi ?

— Vous avouez !

— Pas du tout. J'interroge, je m'informe. Car, remarquez-le, même en mettant les choses au pis, c'est-à-dire en supposant que vous soyez trompé par moi, cela ne vous garantirait pas de l'être par d'autres personnes aussi.

— Oh ! vous osez rire !

— C'est à cause de mes dents ; l'une, à gauche, la quatrième, est un peu plus petite que les autres ; c'est comme une fossette de perle dans le corail mouillé de la gencive ; il paraît que c'est fort joli. D'ailleurs, sortez d'alarmes, monsieur, je ne vous suis pas infidèle.

— Vous avez un amant!

— Qui vous dit le contraire ? Il est gracieux et tendre. C'est un jeune homme qui me plaît fort. Je le préférerai certainement tant qu'un autre ne me plaira pas davantage.

— Si je vous tuais!...

— Non. Nous sommes mariés sous le régime dotal. Donc, oui, un amant.

— Ludovic ou Amédée?

— Fi ! monsieur, j'ai de la discrétion!... Mais, en dépit de l'amant, je ne vous suis pas infidèle. Que j'en sois assez proche, il en faut convenir. Proche seulement. Au temps des Sganarelles, pouffa-t-elle, vous n'auriez pas eu droit à toute la couronne maritale. Rien qu'un tout petit bout de corne, pas gênant sous le chapeau, à peine visible, tête nue. Car il y a des nuances en toute chose. En celle-ci, la nuance est délicate, fine, furtive, un peu rose à peine...

— Jaune !

— Mettons : rose-thé. Comme il y a des demi-vierges, il y a des demi-maîtresses, et, par suite, des demi-cocus. Mais, vous, monsieur, réjouissez-vous ; votre « honneur », comme disent les drames romantiques, n'est pas même mi-atteint; et, à bien considérer les choses, je suis, strictement, la plus fidèle des femmes.

— Vous !

— Raisonnons, s'il vous plaît. Quand la fantaisie vous prit de m'épouser, qu'avez-vous demandé, à moi, à mes parents, et à moi-même, et que vous fut-il promis ? Avez-vous songé à exiger, passionnément, mes jeunes lèvres éprises de l'inconnu baiser, et mes bras qui voulaient enlacer, et ma gorge colombellement palpitante en la pudeur du nid de mousseline, et le mystère ineffable qu'ignore celle même en qui tressaille, de l'instinct de s'ouvrir, la virginité close ? Avez-vous seulement pensé à demander mon cœur?

— Les convenances, l'usage... Je n'aurais jamais osé parler à madame votre mère...

— Oui, oui, l'usage, les convenances... Vous croyez que c'est avec cela que l'on fait de l'amour et du bonheur?... Vous vous êtes borné à demander ma main! et je vous l'ai donnée. Eh! bien, de quoi vous plaignez-vous? Ma main, vous l'avez eue, vous l'avez, je vous la garde. Mais j'avais le droit de ne point réserver à vous seul tout ce que je ne vous promis point. Et je suis irréprochable. Car il est vrai que je ne refuse pas mes lèvres à celui dont le baiser les enchante, et il ne lui est pas défendu de caresser les colombes amoureusement montantes de ma gorge, et plus rien n'est, en mes plus intimes mystères, qui ne lui soit épanoui...

Mais, gardant ma foi, et soucieuse de votre Honneur, dès que mon amant s'agenouille devant moi, sachez-le, je me gante!

LES ROSES DANS LA BARBE.

L'aimable vieillard tendre à la barbe de longue neige douce, — Anacréon moderne ou Arsène Houssaye de jadis, — se promenait dans le sentier d'églantiers en fleur. Il n'était pas triste parce qu'il avait tant aimé ; cependant, il était triste, pour la même raison, ou parce qu'il aurait voulu aimer encore. C'était une âme éternellement ouverte aux chimères, à qui l'expérience enseigna des illusions. Et il aimait la vie, en le souvenir de l'avoir eue, adorable, si longtemps, et en la peur de la perdre, aimable encore, si tôt. Et sa longue barbe de neige douce se soulevait dans le vent de parfum et de clarté. Or, un instant plus forte, la brise remua tous les arbustes; et, poussées du souffle, ou le faisant exprès, des roses s'envolèrent vers lui, s'accrochèrent à sa barbe, restèrent là, indécises. Il les voyait. C'était joli, dans la neige des poils doux, ces églantines roses. Contraste du printemps avec l'hiver, elles comparaient, au passé, la jeunesse, les amours, toutes les nouveautés de la vie. Bien qu'un peu humilié de leur ressembler si peu, il ne leur en voulait pas de la différence. Plein du désir des recommencements, il savait bien, tout de même, que c'était fini. Sans colère de la franchise des fleurs roses, il sourit, en une chère mélancolie.

Mais, voici que le vent lui mit dans sa barbe

blanche une toute petite églantine blanche comme
elle. Elles étaient si blanches toutes les deux
qu'on aurait difficilement distingué, de la barbe,
si vieille, la rose, si fraîche. Alors : « Flatteuse! »
dit-il, et il pleura douloureusement.

Par ce jour d'orage, où je m'étire, vague et veule et pareil à une page sans écriture, qui levée, tremblote, ne sait de quel côté elle tombera, il m'a semblé, dans la pénombre d'éclipse, voir à l'autre côté de la cour, hors de la lucarne mi-ouverte d'une mansarde, au bout d'un bras perceptible à peine en sa manche de brume, une petite main vers l'avare ciel lourd, une toute petite main, une main d'enfant, qui avait l'air, la paume creuse, de mendier une goutte de pluie !

Petite main, tu es folle.

Il ne faut jamais rien demander au ciel, les jours d'orage, ni les autres jours.

Le ciel n'est pas seulement un mauvais riche pas charitable ; c'est aussi un riche très cruel.

Imagine, petite main, un millionnaire ne donnant jamais deux sous au pauvre dans l'angle de la porte cochère, et quelquefois, lui donnant une pièce qui parait être en or, mais qui n'est pas en or, — une pièce fausse.

Et le millionnaire s'en va en riant.

Le ciel est un philanthrope farceur, qui aime à jouer des tours au monde.

Qu'est-ce que tu lui demandes ? une goutte de pluie. Ah ! il en a, des gouttes de pluie, sans nombre, si rafraîchissantes, dans ses nuages. Il ne te donnera pas ce tout petit peu d'eau, dont tu as besoin, peut-être pour toi-même, à cause de ta fièvre, peut-être pour la mettre, dans la

mansarde, aux lèvres de quelqu'un qui manque
d'air, sous l'orage, qui étouffe, qui a soif. Non,

il ne te donnera rien. Oh ! comme tu te tends désespérément, la paume creuse ! Comme tu mendies ardemment ! Il semble qu'il y a en toi plus de besoin, plus de prière et d'exigence qu'une seule main n'en saurait avoir. Tu es comme la main de tous ceux qui demandent ! Mais le ciel ne te fera pas l'aumône de si peu d'eau. Il te fera une farce. Il s'approchera, dans un bruit de foudre, comme un grand seigneur au milieu d'un riche tumulte, et il te mettra dans la paume... une goutte de pluie ? non, un éclair, qui s'évanouira après t'avoir brûlée.

Et le tonnerre s'en ira en grondant, — c'est sa façon de rire.

Moi, à ta place, petite main, sais-tu ce que je ferais ? Je rentrerais dans la mansarde. Je prendrais un couteau, ou des ciseaux. Avec les ciseaux, ou avec le couteau, je couperais le cou de celui, ou de celle, ou de ceux, qui, dans la mansarde, manquent d'air, sous l'orage, ont soif, et, je me remplirais de leur rouge vie en fusée,

et je sortirais par la lucarne, et, au ciel avare
de gouttes de pluie, je jetterais, par milliers et
par milliers, et par milliers, d'autres gouttes,
qui lui seraient, le soir, des étoiles de sang!

Sous l'énorme pesanteur du ciel bleu, à travers la plainte pâmée en l'immobile angoisse d'avant l'orage, le dompteur, fort gars, dans la roulotte que suivent en quatre voitures les bêtes de la ménagerie, vide à même un second carafon de cognac, n'aspire rien, grommèle : « Quel temps ! quel temps ! on voyage dans un four ! »

Il prête l'oreille, s'inquiète, dit : « Est-ce que tu n'entends pas, Zulma ? » Zulma, pâmée comme la terre, bâille, vautrée sur le lit, au fond de la roulotte. Elle souffle, elle sue, elle fume. Oui, on voyage dans un four. Elle y cuit, dans ce four, comme sous le couvercle d'une casserole rougie à blanc, d'en haut et d'en bas. Elle est large, grosse, grasse, elle fond. C'est une gaillarde, qui, comme Arlando, le dompteur, entre dans les cages ; il y a cinq ans qu'ils domptent les bêtes, elle et lui, et se domptent l'un l'autre, fauves aussi. Elle s'écarquille toute, sur le lit, ses énormes cuisses écartées, avec l'instinct d'une Cybèle-Gouge, sous des hasards retroussés de lainages de ménagère et de loques drôles de saltimbanque ; et, de toute elle, tandis que les ondes de sa tignasse enflambent l'oreiller comme des copeaux roux, des exhalaisons de rut surchauffé épaississent la pesanteur de l'air qu'on voit remuer, tant il est opaque. « Quoi ? dit-elle. — Tu n'entends pas ? — Quoi ? » Sa voix râle gras-

sement. « C'est, dit Arlando, Rosette, la lionne,
qui rugit. Elle est malade à cause de l'orage.
Avec ça, elle est dans un mauvais moment. Il
faut que j'aille voir. » Zulma répond sans bou-

ger : « Tu vas rester là. Je sais comment tu la
guéris, Rosette. Je ne veux pas que tu ailles
dans la cage. Il y a Ragot, le garçon. Il lui jet-
tera de l'eau. Reste. Je veux que tu restes. » Il
réplique : « Tout de même... tu sais... quand elle
est dans ces états-là... C'est l'orage. » Mais

Zulma s'est dressée, empoigne son homme, le renverse sur elle, l'étreint. Elle aussi, elle en a, des griffes ; et, il n'y a pas que les lionnes qui en aient, de mauvais moments, ou des bons. La roulotte roule sous l'énorme pesanteur du ciel bas, à travers la plaine pâmée en l'immobile angoisse d'avant l'orage. Des cris traversent l'air, des cris humains, des cris de quelqu'un qu'on déchire, qu'on dépèce, qu'on égorge ! Et parfois, un rugissement domine les lamentables appels. « Laisse ! laisse, Zulma ! attends ! je vais revenir. Pour sûr, dit Arlando, Ragot est entré dans la cage... Il ne sait pas. — Mais si, mais si, il sait ! dit Zulma. Et il te fait cocu, voilà tout. Ah ! ah ! ça t'ennuie que Rosette te trompe... Je te défends d'y aller. » Et il ne pourrait pas fuir, tant elle le serre, épouvantablement, entre ses bras jaloux, parmi les sueurs vaporisées et retombantes en gouttes, comme de la fumée redescend d'un couvercle de marmite. Et, sous l'écrasement des nuages, si bas qu'ils frôlent toute la terre de vir-

tuels éclairs alourdis et alentis en essoufflements
de cratères vers des volcans qui ne peuvent pas
crever, le voyage de la ménagerie emporte lentement le dompteur entre les bras de la domp-
teuse, et le palefrenier des fauves possédé et dé-
chiré par la rugissante lionne.

M. le comte de Flirt rend visite à la marquise de la Coquetterie. Comme c'est un peu avant l'heure du Bois, la marquise est seule. Ce dont le comte de Flirt se félicite, car il aura tout le loisir, gracieux et spirituel comme il est, de tenir, sans être interrompu, les galants propos dont il a coutume d'amuser les désirs qu'il éprouve et les désirs qu'il provoque. De tous ces désirs-là, on ne ferait pas le plus platonique des baisers. « Ah! madame, dit-il, qu'une heureuse occasion m'est donc offerte de vous complimenter sur la toilette que vous aviez, hier, au Grand Prix d'Auteuil. Le chapeau, une merveille! la robe, un miracle! Et, pour ce qui est de la petite bottine, dont, un instant, en descendant de la victoria, vous avez mis la pointe au bord du marche-pied, il faut bien reconnaître qu'elle serait trop étroite pour qu'y entrât la moitié, en long, du pied de la plus petite des fées! Comme je vous adore. Vous irez au Bois? Où dinez-vous ce soir? Il est bien évident que Wagner a du génie, et que Ibsen est le seul poète qui ait jamais rien entendu aux choses sacrées de l'amour. Nous sommes des âmes, vous et moi ; donnez-moi votre âme, prenez la mienne, et compromettons-nous, enfin, en l'avéré hymen de caresses sans conséquence (car je suis un honnête homme!) qui nous donneront de si déli-

cieux et de si symboliques plaisirs! » Mais le
comte de Flirt a compté sans l'Orage qui oblige
les sens de la femme à être ce qu'ils sont, et par
qui elles se montrent bien plus enclines à mari-
vauder avec le Portier des Chartreux qu'avec
l'inutile amant d'Héloïse. Encore qu'issue de la
très irréprochable maison de la Coquetterie, la
marquise, parmi le demi-jour du boudoir où, à
travers les dentelles de rideaux, pénètre avec la
chaleur du jour, l'universelle angoisse de la vo-
lupté, se répand, toute de malines et de mousseline Liberty, sur la chaise longue délicieuse-
ment opprimée, sous la diaphanéité des étoffes,
d'une légèreté grasse de chair, qui aspire, vraiment, à plus de lourdeur, sur un poids agréable,
ajouté! Et elle dit, peu confiante en les réalisa-
tions que ne promet pas le comte de Flirt (sur
ce gentilhomme-là, l'orage même est sans influence!) : « Ciel! que je suis lasse! Ah! laissez-
moi, je vous en prie. » Mais, le comte parti, elle
sonne. « Mariette, dites à Alfred de monter. —

Oui, madame, c'est pour... ? — C'est pour les ordres. J'irai au Bois, pas en voiture, à cheval. — Oui, madame. » Alfred, le chef des écuries, entre. Il a quarante-cinq ans, il est colossal, avec l'air robuste. Ce n'est pas une chose ignorée dans les antichambres, ni dans les salons (car il arrive qu'on y parle à voix basse), qu'il fut souteneur à Belleville, trente ans durant. Il n'y a rien perdu de l'espèce d'idéal qu'il représente, ni de la considération qui lui est due. « Alfred, dit la marquise, je ne sais si je sortirai, à cause de cet orage. — Accablant ! dit-il. — Accablant ? « dit-elle, voyons. »

Ce jour-là, ils chevauchèrent plus avant.

IMPRIMÉ

SUR LES PRESSES DE ÉD. CRÉTÉ

A CORBEIL.